CONTENTS

僕のイタリアン 7
おいしい料理に仕上げる鉄則8ヵ条 8

パスタ編

基本の材料 12
パスタいろいろ 14
基本のパスタのゆで方 16

Pasta

トマトとフレッシュハーブのスパゲティ 18

明太子のスパゲティ 20

マッシュルームとプロシュットのスパゲティ 22

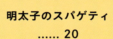
基本のソース

トマトソース 24

【トマトソースのアレンジ】
マリナーラソース 25

アロマフレスカ風ミートソース 26

プッタネスカ 28

海の幸とトマトのミートソース 30

トマトソースのカルボナーラ ...... 32 / 34

なすとトマトソースの
スパゲティ
...... 33/35

わたりがにのトマトソース
...... 36

ペンネアラビアータ
...... 38

にんにくと唐辛子の
スパゲティ
...... 40

ブロッコリーと
ドライトマトのオレキエッテ
...... 42

煮込みボンゴレビアンコ
...... 44

やりいかのスパゲティ
...... 46

帆立てとトレビスの
スパゲティ
...... 48

バジリコのジェノベーゼ
...... 50/52

小えびとズッキーニの
スパゲティ
...... 51/53

うにとなすの冷製パスタ
...... 54/56

フレッシュトマトの
カペッリーニ
...... 55/57

カルボナーラ
...... 58

小えびのクリームソース
...... 60

クワトロフォルマッジ
...... 62

リゾット編

基本の材料 66
作り方のポイント 67

Risotto

パルミジャーノリゾット
...... 68

いか墨のリゾット
...... 70/72

海の幸のリゾット
...... 71/73

うなぎのリゾピラフ
...... 74

**ホワイトアスパラガスの
リゾット**
...... 76/78

きのこいっぱいのリゾット
...... 77/79

メインディッシュ編

Main dish

ポークソテー
...... 82

仔羊のパスタ包み焼き
...... 84

牛肉の
シンプルステーキ
...... 86

ポッロ アッロースト
...... 88

まぐろとフレッシュトマトの
カルパッチョ
...... 90/92

一尾魚＋海藻で
アクアパッツァ
...... 91/93

おいしい料理には"わけ"がある！ 95

○ 計量の単位は、大さじ1＝15㎖、小さじ1＝5㎖、カップ1＝200㎖。
○ 材料中のオリーブ油は、すべてエクストラバージンオリーブ油を使用しています。
○ 材料表で大さじ、小さじ表記とg表記してあるものとがあります。
　g表記してあるものは正確に計量しないと味にぶれが出てくる場合のみです。

僕のイタリアン

僕はかれこれ30年近くパスタを作ってきました。
シンプルなものから旬の食材を取り入れたものまで、
日々素材とにらめっこをしながら、
お客様に一番おいしい状態で食べてもらおうと日進月歩で作り続けています。

そんな経験から、本書では読者の方にも失敗なく作れる
おいしいパスタのレシピをご紹介しています。
特にボウルで作るパスタは僕のオリジナル。
具材とパスタをボウルで混ぜるだけなので、
短時間でだれにでも作れます。

また「アロマフレスカ」はイタリアンの店ですから、
パスタだけでなくリゾットやメインディッシュもメニューの一つ。
リゾットは鍋一つでできるので、
米の扱い方さえきちんと守れば思いのほか簡単。

そして店ではシェフの腕の見せどころとなるメインディッシュ。
その日に入った肉や魚介を使って調理法を考え、僕らしい料理に仕上げます。
パスタやリゾットと同様にメインディッシュにもぜひチャレンジを！
比較的手軽で簡単に作れるレシピをラインナップしました。

本書でご紹介するレシピはどれも家庭でできるように、
僕なりのアレンジが施してあります。
お店で出しているものと味が多少異なるかもしれませんが、
レシピ通りに作ればお店の味に近いものができ上がるはずです。
家族がおいしい料理で喜ぶ顔もごちそうの一つ。
イタリアンで囲む食卓にそんな笑顔が生まれることを心から願っています。

おいしい料理に仕上げる鉄則8ヵ条

1. パスタはアルデンテにゆでる

パスタはゆでてからソースにからませますが、そのソースをしっかり吸い込んでいるとおいしく食べられます。だから少し芯が残るくらいのアルデンテにゆでておくことが大切です。

2. パスタのゆで汁は濃度調整に使う

ゆで汁には塩が入っているので、ソースの濃度調整に使うと塩を最小限に抑えて味つけができます。またソースを乳化させてなめらかにしたり、ゆで汁に溶け出した小麦のうまみをプラスできたりします。

3. にんにくは切り方で香りの強さを調整する

にんにくは丸ごと→つぶす→薄切り→みじん切りの順に、丸みのある香り→強く尖った香りになります。料理や好みに合わせて切り方を変え、にんにくの香りを楽しみましょう。

4. 赤唐辛子は切って辛みを出すか、切らないで香りを出すかの2通りの使い方がある

赤唐辛子は種が一番辛く、次に切ったもの。ピリッとした刺激的な辛みを求めがちですが、切らないで香りをオリーブ油に移すのもおいしく仕上げる方法です。

5. 魚介は、うまみが出たスープをパスタに吸わせる

魚介を使うパスタは魚介そのものの味より、魚介のうまみが溶け出したスープをしっかり吸わせたパスタが主役です。うまみのある魚介を使えばおいしさも正比例します。

6. バジリコなど色が変わりやすいものは手早く作業する

バジリコはアクと熱ですぐに色が変わってしまいます。こうしたデリケートなハーブはとにかくスピーディーに作業を行うことが大切。ミキサーにかけるときはミキサーを冷やしておきましょう。

7. 食材はなるべく旬のものを使う

料理に使う食材は旬のものが一番です。うまみが濃厚で、栄養価も高いのです。野菜などは柔らかくてみずみずしさが格別で、魚介もうまみ成分をたっぷり含んでいます。

8. リゾットの米は加熱して8〜10分後は粘りが出るので混ぜ過ぎない！

日本米もジャスミンライスも加熱して8〜10分後に粘りが出てきます。特に日本米は粘りが多いので要注意。ブイヨンを入れたらさっと混ぜる程度にしましょう。

Pasta

パスタ編

イタリアンでパスタははずせない料理。僕は今までに数えきれないくらい作ってきました。そんな経験からボウルで手軽に作れるパスタを考案し、テレビでご紹介したら大反響でした。まずは基本の材料や作り方のコツを知って、いろいろなパスタに挑戦しましょう。きっと毎日食べても飽きないおいしいものが作れるようになるはずです。

【基本の材料】

パスタを作るときの基本の材料は4つだけ。それぞれ切り方や選び方にポイントがあるので、しっかり覚えておきましょう。

にんにく

香りをつけるために使います。本書ではつぶしたものとみじん切りにしたものを使いましたが、丸ごとや薄切りにして使うこともあります。香りは**丸ごと→つぶす→薄切り→みじん切りの順に強く**なります。つぶしたものは丸みのある香り、みじん切りは強く尖った香り。新にんにくは水分が多く味にぶれが出ることがあるので、普通のにんにくを使ってください。

オリーブ油

すべてエクストラバージンオリーブ油を使用しています。店頭にはたくさんの種類が出回っていますが、値段だけにとらわれず、むしろ料理に合わせて選ぶといいでしょう。オリーブの産地によって味が異なります。肉、野菜、豆料理には**スパイシーで力強いトスカーナ系**、魚介系の料理には**フルーティでアクが少ないシチリア系**のものを選ぶと間違いがありません。

黒こしょう

黒こしょうは下味をつけたり、味にアクセントをつけたりするときに使います。ひき方は粉末から粗びきまでいろいろ。ミルでひき方を調整します。本書では粉末は**下味をつけて味をしみ込ませるとき**に使い、粗びきはカルボナーラや小えびのクリームソースなどにふって、**味にアクセントをつけるとき**に使っています。

パルミジャーノ・レッジャーノ

チーズはパスタやリゾットには欠かせない材料。料理にコクと風味をプラスします。本書では粉末のものを使いましたが、**できればブロックのものを用意して**、使うときに使う分だけすりおろして使うと、チーズの風味のよさがいつも楽しめます。

【パスタいろいろ】

大きく分けてロングパスタとショートパスタに分けられます。イタリアではショートパスタのほうが人気ですが、日本ではロングパスタを好むようです。僕は日本でもショートパスタをもっと食べていただきたいと思っています。いずれにせよ、これでなくてはダメということはないので、ボリューム感やソースとのバランスを考えて選ぶといいでしょう。

ロングパスタ

同じ名前のパスタでも、メーカーによって色や表面の状態、ゆで時間が異なります。色や表面の状態が異なるのは、機械の違いによるもの。パスタ生地を押し出す口がステンレス製のものは黄色でツルツル、銅製のものは白っぽくてザラザラに。ゆで時間が異なるのは、太さが違うからです。**食べるときにアルデンテになるようにゆでる**のが理想です。
写真は左から、スパゲティ、カペッリーニ、スパゲッティーニ、リングイネ、バベッティーネ。

ショートパスタ

ラグー（煮込み）系の肉のソースやちょっと味の濃いチーズを使ったソースによく合いますが、オイル系のパスタにはあまり使いません。マッケローニやリガトーニなどの筒状のものや筋の入ったペンネ、コロンとした形が愛らしいオレキエッテなど、形や舌触り、ソースのからみ方がそれぞれ異なるので、**料理に合わせて選ぶ**ことをおすすめします。
写真は左から、マッケローニ、ペンネ、オレキエッテ。

【基本のパスタのゆで方】

パスタをゆでるときは、まず袋の表示時間を確かめます。使うパスタによって時間が異なります。たっぷりの湯でアルデンテにゆで上げ、ゆで汁は調理で使うので捨てずに取っておきましょう。

1.

鍋にたっぷりの湯を沸かし、約1％の塩を加えて（湯1ℓなら塩10g）、よく溶かす。

2.

パスタを両手で持ってねじってからパッとはなす。こうすると鍋に均一にパスタが広がる。

3.

箸でざっと混ぜ、表示時間を見てタイマーをかける。

4.

しばらくそのままにし、1〜2分したらパスタが鍋にくっつかないように混ぜる。

→ パスタが固いうちに触ると折れるので注意！

5.

タイマーが鳴ったらパスタを1本取り出して、芯が少し残る程度になったかどうかを食べて確かめる。

6.

ざるに上げてパスタのゆで上がり！

※ソースができ上がるタイミングに合わせて、ゆでてください。

残ったパスタのゆで汁は……

料理を作るときに濃度の調整をするのに使うので、調理が終わるまでそのまま置いておく。

ハーブの香りを楽しむパスタ。ハーブはあまり細かく刻まないでザクザクッと切るのがコツ。こうするとそれぞれのハーブの香りがほんのり漂って、おいしさの後押しをします。

Pasta / パスタ　　Risotto / リゾット　　Main dish / メインディッシュ

ボウルで作る超簡単パスタ

トマトとフレッシュハーブのスパゲティ

材料 〈2人分〉

- スパゲティ —— 160g
- フルーツトマト —— 1個
- タイム —— 1枝
- ディル —— 2枝
- イタリアンパセリ —— 2枝
- バジリコ —— 1枝
- オリーブ油 —— 40㎖
- にんにくのみじん切り —— 10g
- 赤唐辛子 —— 2本
- 塩 —— 適量
- パルミジャーノ・レッジャーノ —— 少々

作り方

1. <u>フルーツトマトは湯むき</u>をし、へたを取って8等分に切り、ボウルに入れる。タイムは葉をしごいて枝を取り、ディルは茎を取って1cm長さに切る。イタリアンパセリとバジリコはざく切りにする。

コツ① トマトは湯むきする！

トマトは十字に切り込みを入れて湯に20秒ほどつけ、冷水にとって皮をむきます。湯に入れるときは、ざるにのせてへた側を10秒ほどつけてから湯の中に落とします。熱を加えることで皮のまわりの細胞が縮むため、皮に亀裂が入ります。冷水に入れるのはこれ以上の加熱を防ぐためです。

2. 小鍋にオリーブ油、にんにく、赤唐辛子を入れて弱火にかけ、にんにくの香りが立って薄いきつね色になったら<u>ざるでこし</u>、**1**のボウルに入れる。

コツ② オリーブ油はざるでこす！

オリーブ油に入れて加熱したにんにくと赤唐辛子はざるでこすと、香りが楽しめるパスタに仕上がります。弱火でゆっくりと熱をかけることで、にんにくの香りと赤唐辛子の辛みや風味がオリーブ油に移ります。薄いきつね色になったところがピーク。ざるでこして香りの高いオリーブ油だけを使うことで、香りはもちろん、舌触りのいいパスタになります。

3. **1**のハーブを加える。

4. アルデンテにゆでたスパゲティを加えてからめ、塩で味をととのえて器に盛り、パルミジャーノをふる。

スパゲティと明太子が一体化したパスタで、ボウルで混ぜるだけパスタの真骨頂！　明太子に火を通さないのでツブツブが口に残らず、なめらかな舌触りで食べられます。

Pasta	Risotto	Main dish
パスタ	リゾット	メインディッシュ

ボウルで作る超簡単パスタ
明太子のスパゲティ

材料 〈2人分〉

スパゲティ ——— 160g
明太子 ——— 大2本（100g）
にんにく ——— 1かけ
白ワイン ——— 大さじ1
オリーブ油 ——— 40㎖
塩 ——— 適量
イタリアンパセリの
　みじん切り ——— 2枝分

作り方

1. にんにくは半分に切り、**断面をボウルにしっかりとこすりつける。**

> **コツ③ にんにくはボウルにこすりつける！**
>
> 通常はフライパンにオリーブ油とにんにくを入れて火にかけ、オリーブ油に香りを移しますが、これはにんにくの切り口をボウルにこすりつけるだけ。ゆでたスパゲティの熱でボウルにつけたにんにくの香りがスパゲティに移り、フライパンを使ったときと変わらない香りに。火を使わないパスタの究極の隠しワザです。

2. 明太子は薄皮を取って**1**のボウルに入れ、白ワインとオリーブ油を加えてよく混ぜ合わせる。

3. アルデンテにゆでたスパゲティを加えてよく混ぜ合わせ、塩で味をととのえる。

4. 器に盛り、イタリアンパセリをふる。

マッシュルームを薄切りとごく薄切りの2種類に切り分けるのがポイント。熱を入れるもの（薄切り）と生で食べるもの（ごく薄切り）で食感や風味を際立たせます。ナッツの歯ごたえと香り、生ハムのうまみが折り重なったところにマッシュルームの香りがほのかに漂う極上のパスタです。

Pasta	Risotto	Main dish
パスタ	リゾット	メインディッシュ

ボウルで作る超簡単パスタ

マッシュルームとプロシュットのスパゲティ

材料 〈2人分〉

スパゲティ ——— 160g
マッシュルーム ——— 6個
生ハム（プロシュット）——— 4枚
パルミジャーノ・レッジャーノ
　　——— 40g
バター ——— 40g
ヘーゼルナッツ（砕いたもの）
　　——— 4個分
粗びき黒こしょう ——— 少々

作り方

1. ボウルにバターを入れ、スパゲティをゆでる鍋にのせて溶かす。

2. マッシュルーム4個を**スライサーで薄切り**にし、1に加える。

> **コツ④ マッシュルームは薄切りにする！**
>
> マッシュルームを薄切りにするときは、厚みを調整できるスライサーを使うと簡単。包丁では同じ厚みにするのは至難のワザですが、スライサーを使えば薄切りとごく薄切りがあっという間。熱が少し入るものは薄切り、生の状態で食べるものはごく薄切りに。たったこれだけの切り方の差で食感と風味に差が出て、ひと味違った仕上がりに。

3. アルデンテにゆでたスパゲティを2に加え、パルミジャーノを加えてよく混ぜ合わせ、器に盛る。

4. 3に生ハムをのせ、マッシュルーム2個をごく薄切りにして盛り、ヘーゼルナッツを散らして黒こしょうをふる。

基本のソース

トマトソース

パスタのほか、肉や魚介のトマト煮などに活用できます。
密閉容器に入れて冷蔵庫で3〜4日、冷凍庫で1ヵ月保存可能。

Pasta　パスタ　　Risotto　リゾット　　Main dish　メインディッシュ

材料 〈でき上がり約450g〉

ホールトマト（缶詰） ── 450g
玉ねぎのみじん切り ── 20g
オリーブ油 ── 25㎖
バジリコ（ドライ） ── 1つまみ
水 ── 20㎖
塩、こしょう ── 各少々

作り方

1. 鍋にオリーブ油と玉ねぎを入れて弱火にかけ、**玉ねぎが薄いきつね色になるまで炒める。**

コツ⑤ 玉ねぎは薄く色づくまで炒める！

玉ねぎをじっくり炒めると、辛み成分（イオウ化合物）が分解されてどんどんなくなり、甘み成分だけが残ります。玉ねぎの甘み成分の量は野菜の中でもトップクラス。この成分が炒めていくうちにカラメル状になり、水分が蒸発して甘みが濃縮されるのです。トマトソースの酸味を和らげ、うまみとなって味に深みを感じさせます。

2. バジリコを加えて香りを出し、ホールトマトと分量の水を加えて12〜20分、中火で煮込む。

3. トマトをホイッパー（またはゴムべら）でつぶし、塩、こしょうで味をととのえる。トマトの皮や固い芯があれば取り除く。

【トマトソースのアレンジ】
マリナーラソース

トマトソースにアンチョビのコクと白ワインの酸味をプラス。魚介系のトマトソースのベースに使うと絶品です。

材料と作り方 〈4〜5人分〉

フライパンににんにくのみじん切り20g、アンチョビのみじん切り24g、赤唐辛子の小口切り4本分、オリーブ油60㎖を入れて弱火にかけ、香りを出す。にんにくが薄いきつね色になったらイタリアンパセリのみじん切り少々と白ワイン100〜120㎖を加えて2〜3分軽く煮詰め、トマトソース（上記参照）全量を加えて軽く煮詰める。

→ パスタを作るときは、できたソースをフライパンに入れて温め、ゆでたパスタを加えて混ぜる。

原田流のミートソースをはじめてお店で出したときには"新感覚のミートソース"と話題になりました。ひき肉を使わず牛薄切り肉を使うことで、ブツブツではなく、ふんわりとした食感に仕上がります。ワンランク上のオリジナルミートソースを味わってください。

Pasta	Risotto	Main dish
パスタ	リゾット	メインディッシュ

トマトソースのアレンジ

アロマフレスカ風ミートソース

材料 〈2人分〉

アロマフレスカ風ミートソース
(作りやすい分量／でき上がり約900g)

牛薄切り肉（すき焼き用） ── 600g
　塩、こしょう ── 各適量
玉ねぎ ── 1個
オレガノ ── 2つまみ
ブイヨン（P66参照） ── 600㎖
トマトソース（P24参照）
　── 200g
白ワイン ── 180㎖
オリーブ油 ── 15㎖

アロマフレスカ風ミートソースパスタ

ペンネ ── 160g
アロマフレスカ風ミートソース
　（上記参照） ── 250g
バター ── 20g
パルミジャーノ・レッジャーノ
　── 20g
パスタのゆで汁、塩 ── 各適量
イタリアンパセリのみじん切り、
　黒こしょう ── 各少々

作り方

アロマフレスカ風ミートソースを作る。

1. 牛肉をバットに広げ、塩、こしょうをする。玉ねぎは縦半分に切って1cm幅のくし形切りにする。

2. 鍋にオリーブ油を入れて中火にかけ、玉ねぎを加えて軽く色づくまで炒める。牛肉を広げてのせ、弱火にして加熱する。

3. 肉の色が変わったらオレガノをふり入れて軽く混ぜ合わせ、ふたをして5分ほど加熱する。ふたを取って強火にし、水分がなくなるまで炒める。白ワインを加えてアルコール分をとばす（20～30秒）。

4. ブイヨンとトマトソースを加えてふたをし、1時間～1時間30分煮込む。**ホイッパーなどで全体をよくつぶす。**
　→ 煮込む時間は肉の厚みで変わる。しゃぶしゃぶ用を使うと1時間以内で柔らかくなる。アクが浮いてきたら取り除く。

> **コツ⑥ 煮込んだらホイッパーでつぶす。**
>
> 薄切り肉を煮込んで柔らかくなっても、そのままだと肉の形が残ったままです。ホイッパーでつぶすと、ほろほろになった肉がばらばらになって、なめらかなソースへと変身していきます。これこそが新食感のミートソース。ぜひ、この方法で作ってみてください。ひき肉との差は歴然です。

アロマフレスカ風ミートソースパスタを作る。

1. フライパンにミートソースを入れ、バターを加えて溶かす。

2. アルデンテにゆでたペンネを加えてからめ、ゆで汁と塩で味をととのえ、パルミジャーノを加えて混ぜる。

3. 器に盛り、イタリアンパセリと黒こしょうをふる。

「娼婦風パスタ」の意味を持つプッタネスカ。諸説ありますが、忙しい娼婦でも手軽に作れるパスタということから。トマトソースに風味を移しやすくするため、黒オリーブは細かく切るのがポイントです。

| Pasta | Risotto | Main dish |
| パスタ | リゾット | メインディッシュ |

トマトソースを使うパスタ
プッタネスカ

材料 〈2人分〉

スパゲティ ——— 160g
A ┃ にんにくのみじん切り
　　　——— 10g
　┃ アンチョビのみじん切り
　　　——— 12g
　┃ 赤唐辛子 ——— 2本
　┃ オリーブ油 ——— 30㎖
黒オリーブ ——— 20g
ケッパー ——— 約15g
バジリコ ——— 1枝
トマトソース（P24参照）
　　——— 200g
イタリアンパセリ ——— 少々
パルミジャーノ・レッジャーノ
　　——— 少々
パスタのゆで汁、塩 ——— 各適量

作り方

1. 黒オリーブは粗みじん切りにする。

コツ⑦ **黒オリーブは粗みじん切りにする！**

にんにくの香りをオリーブ油に移したあと、黒オリーブやケッパー、バジリコを加えてさらに香りをアップします。このとき、黒オリーブをそのまま加えたのでは、酸味も風味も出てきません。粗みじん切りにすることで、オリーブ油にうまみ成分を移し、風味豊かなパスタにすることができます。

2. フライパンにAを入れて弱火にかけ、香りを出す。

3. にんにくが薄いきつね色になったら、1、ケッパー、手でちぎったバジリコを加えて軽く炒める。

4. トマトソースを加えて軽く煮詰め、アルデンテにゆでたスパゲティとイタリアンパセリを加えてからめ、ゆで汁と塩で味をととのえる。

5. パルミジャーノを加えて火を止め、さっと混ぜて器に盛る。

魚介をフードプロセッサーにかけるので、形は残っていませんが風味は抜群です。ここで使う魚介類がすべてそろわないときは、ほかのものにかえても大丈夫。お店のまかないでもこのパスタは人気の上位にランクインしています。

Pasta	Risotto	Main dish
パスタ	リゾット	メインディッシュ

トマトソースを使うパスタ

海の幸とトマトのミートソース

材料 〈2人分〉

スパゲティ ——— 160g
やりいか ——— 1杯
えび（無頭・殻つき）——— 6尾
帆立て貝柱 ——— 2個
白身魚（切り身）——— 1切れ（80g）
→ 魚介類は好みで分量を調節して。

A
にんにくのみじん切り
——— 10g
アンチョビのみじん切り
——— 6g
赤唐辛子 ——— 2本
オリーブ油 ——— 45㎖

白ワイン ——— 40〜50㎖
ハーブのみじん切り
（ディル、イタリアンパセリ、タイム）
——— 各少々
トマトソース（P24参照）
——— 180g
パスタのゆで汁、塩 ——— 各適量

作り方

1. やりいかは皮、軟骨、くちばしを取り、目の脇に包丁を入れて目を取り除く。最後に墨袋を取り除き、胴と足に分けて洗う。

2. えびは足を取り、胴のまん中の殻をむいてから残りの殻を取り除き、背わたを取る。

3. いかは2cm幅、えびは1cm幅に切る。帆立ては4等分に切る。白身魚は皮ごと2cm角に切る。

4. フードプロセッサーに3を入れ、攪拌する（または包丁で細かく刻む）。

> **コツ⑧ 海の幸はフードプロセッサーにかける！**
>
> ミートソースといえばひき肉のイメージですが、これは海の幸をひいたものを使います。きれいに処理したやりいか、えび、帆立て、白身魚をフードプロセッサーに入れて一気に混ぜてペースト状にしてしまうのです。食べにくい魚介類もこうすれば一度にたくさん食べられます。また、細かくすることで魚介のうまみがソースに移って、風味豊かに仕上がります。

5. フライパンにAを入れて弱火にかけ、香りを出す。

6. にんにくが薄いきつね色になったら4を加え、ゴムべらで押さえてつぶしながら中火でよく炒める。

7. 白ワインを加えて煮詰め、ハーブとトマトソースを加える。

8. アルデンテにゆでたスパゲティを加えてからめ、ゆで汁と塩で味をととのえ、器に盛る。

パンチェッタはうまみが出やすいように細かく刻んで。トマトソースの代わりに、湯むきしたトマトやミニトマトを炒めて加えてもおいしい。濃厚な味が好みなら、トマトソースに生クリームを加えるといいでしょう。

トマトソースのカルボナーラ

なすとトマトソースのスパゲティ

なすは大きめに切り、煮くずす感じでつぶすと風味が全体にいきわたります。向くのは賀茂なすのような大きいもの。小なすや漬物用のなすは不向きなので避けたほうがいいでしょう。

トマトソースを使うパスタ
トマトソースのカルボナーラ

材料 〈2人分〉

- スパゲティ —— 160g
- パンチェッタ（細かく刻んだもの）
  —— 50g
- 玉ねぎのみじん切り —— 30g
- にんにくのみじん切り —— 10g
- オリーブ油 —— 15㎖
- オレガノ —— 少々
- 白ワイン —— 40㎖
- トマトソース（P24参照）
  —— 180g
- 卵黄 —— 2個分
- パルミジャーノ・レッジャーノ
  —— 15g
- 粗びき黒こしょう —— 少々
- パスタのゆで汁、塩 —— 各適量

作り方

1. フライパンに**パンチェッタとオリーブ油を入れて中火にかけ**、軽く炒めて玉ねぎとにんにくを加え、しんなりするまで炒める。

> **コツ⑨　パンチェッタのうまみをしっかり出す。**
>
> パンチェッタは塩漬けした豚ばら肉のこと。塩の力で豚肉のうまみが濃縮されているので、パスタに入れると濃厚なおいしさが味わえます。トマトソースのカルボナーラで使う場合は、細かく刻んでから炒めること。こうすることで、うまみをたっぷり含んだ脂が溶け出しやすくなり、トマトに味が移り、パスタにもよくからんで食べやすくなります。

2. オレガノを加えて白ワインを注ぎ入れる。

3. アルコール分をとばしてから（20〜30秒）、トマトソースを加える。

4. アルデンテにゆでたスパゲティを加えてからめ、**火を止めて卵黄を加え混ぜる**。パルミジャーノと黒こしょうをふって、ゆで汁と塩で味をととのえ、器に盛る。

> **コツ⑩　卵黄は火を止めてから加える。**
>
> カルボナーラは卵黄とチーズのからみが印象的。卵黄をパスタになじませたところにチーズを加えると、チーズがパスタによくからみます。ただし、卵黄は熱を加え過ぎると固まってぼそぼそになるので、火を止めてから加えること。水分がある程度あれば、多少加熱しても卵黄は固まりません。とろ〜りとした卵黄こそがカルボナーラの味の決め手です。

| Pasta | Risotto | Main dish |
| パスタ | リゾット | メインディッシュ |

トマトソースを使うパスタ

なすとトマトソースのスパゲティ

材料 〈2人分〉

スパゲティ ―― 140g
なす ―― 3本
A にんにくのみじん切り
　　　　　―― 10g
　アンチョビのみじん切り
　　　　　―― 12g
　赤唐辛子 ―― 1本
　オリーブ油 ―― 30㎖
トマトソース（P24参照）
　　　　　―― 200g
バジリコ（ちぎる）―― 2枝
パスタのゆで汁、塩 ―― 各適量
パルミジャーノ・レッジャーノ
　　　　　―― 少々
バジリコ（飾り用）―― 適量
揚げ油 ―― 適量

作り方

1. なすは大きめの一口大に切る。

2. 揚げ油を中温（170℃）に熱し、なすを軽く**きつね色になるまで素揚げにする。**

> **コツ⑪** なすは大きめに切って素揚げにする。
>
> なすは素揚げにすると油を吸ってまろやかでコクのある味に変身します。だから、なすは油と相性がいいといわれるのです。スパゲティに加えるときも、このひと手間で味に差が出るのですからはずすわけにはいきません。ちょっと面倒と思うかもしれませんが、手間を惜しまないように。でき上がったとき、そのおいしさに納得できるはずです。

3. フライパンに**A**を入れて弱火にかけ、香りを出す。

4. トマトソースとちぎったバジリコを加えて炒め、**2**を加えて**なすをつぶしながら**中火で軽く煮込む。

→ なすをつぶすと全体の味がなじみ、なすにもソースがよくしみ込む。

> **コツ⑫** なすをつぶしながら煮込む。
>
> 素揚げにしたなすにはうまみがたっぷり含まれています。このうまみをトマトソースの中にすべて出してしまうため、スプーンでつぶしながら煮込みます。大きく切ったなすもこうすることで食べやすくなり、パスタもうまみをたっぷり含んで絶品です。

5. アルデンテにゆでたスパゲティを加えてからめ、ゆで汁と塩で味をととのえる。器に盛り、パルミジャーノをふってバジリコを飾る。

かにの身はきれいに取り出さなくても大丈夫。かにの殻を焼いてから加えることで香りを出し、身でうまみを出し、最後に殻と身を合わせてぜいたくな味に仕上げます。生クリームは好みで。お店では生クリームを加えないさっぱり味に仕上げています。

Pasta	Risotto	Main dish
パスタ	リゾット	メインディッシュ

トマトソースを使うパスタ

わたりがにのトマトソース

材料 〈2人分〉

スパゲティ ─── 140g
わたりがに（冷凍したもの）
　　　─── 大1杯
A ┃ にんにくのみじん切り
　　　　　─── 10g
　　┃ 玉ねぎのみじん切り
　　　　　─── 30g
　　┃ 赤唐辛子 ─── 1本
　　┃ オリーブ油 ─── 30㎖
水 ─── 80㎖
トマトソース（P24参照）─── 120g
生クリーム ─── 50㎖
パスタのゆで汁、塩 ─── 各適量
イタリアンパセリの粗みじん切り
　　　─── 少々

作り方

1. わたりがには甲羅を取り除き、かにみそを取り出す。

2. がに（かにのえらの部分）を取り、爪のある手をちぎって取る。

3. キッチンばさみで半分に切り、身を手で押して絞り出す。
→ 冷凍しておくと身が簡単に絞り出せる。

4. 残った殻は3等分に切り、足は切り離して半分に切り、殻に切り込みを入れる。

5. バットに**4**をのせ、オリーブ油少々（分量外）をかけて、**オーブントースターで軽く色づくまで8〜10分焼く。**

コツ⑬ かにの殻は焼いて加える。

身を取り出したあとの殻には香りとうまみがしっかり残っています。このうまみを最大限に引き出すために、一度オーブンで焼いてからソースに加えます。焼くことで殻に残っていたうまみがぎゅっと凝縮され、香り高く仕上がるのです。これをソースに加えれば、あふれんばかりのかにのおいしさを味わうことができます。

6. フライパンに**A**を入れて弱火にかけ、にんにくが薄いきつね色になったら、**1**と**3**を加えて中火で炒め、うまみを出す。
→ 新鮮なかには炒め過ぎないこと。臭みのあるかにはしっかり炒める。

7. **5**を加えて分量の水とトマトソースを加え、10分ほど煮込む。

8. 生クリームを加えてひと混ぜする。

9. アルデンテにゆでたスパゲティを加えてからめ、ゆで汁と塩で味をととのえる。器に盛り、イタリアンパセリを散らす。

赤唐辛子は辛みより、香りを引き出すために使います。だから切らずに量を多めにします。僕が使っているのはタイ産の赤唐辛子。辛みが少なく香りがいい。日本産やイタリア産の赤唐辛子は辛みは強いけれど香りがないので、あまり使いませんね。

| Pasta | Risotto | Main dish |
| パスタ | リゾット | メインディッシュ |

トマトソースを使うパスタ
ペンネアラビアータ

材料 〈2人分〉

- ペンネ —— 160g
- A
  - にんにくのみじん切り —— 10g
  - 赤唐辛子 —— 6本
  - オリーブ油 —— 20㎖
- バジリコ —— 1枝
- トマトソース（P24参照） —— 200g
- パスタのゆで汁、塩 —— 各適量

作り方

1. フライパンに**A**を入れて弱火にかけ、**香りを出す**。

> **コツ⑭ 赤唐辛子は切らずに入れる。**
>
> 赤唐辛子の辛さはカプサイシンによるもの。種が一番辛いので、小口切りにしたものの量で辛さを調整します。でも、辛さではなく香りだけをオリーブ油に移したいときは、切らずにそのまま弱火でじっくり炒めます。唐辛子は世界各地で栽培されていて、気候風土によって形も色も辛さも香りもさまざまです。

2. にんにくが薄いきつね色になったら、バジリコを手でちぎって加える。

3. 軽く炒め、トマトソースを加える。

4. アルデンテにゆでたペンネを加えてからめ、**ゆで汁と塩で味をととのえ**、器に盛る。

> **コツ⑮ ゆで汁で味をととのえる。**
>
> パスタのゆで汁はパスタ作りで欠かせないものです。ソースに塩味を加えたり、ソースを乳化させてなめらかにしたり、パスタから溶け出した小麦のうまみをプラスしたり……。パスタを作るときは、ソースの量を見ながら煮込む途中で、あるいは仕上げのときに、とろみや味をゆで汁で調整します。だから、ゆで汁はパスタが仕上がるまで捨てないこと。

にんにくは丸ごと→つぶす→薄切り→みじん切りの順に香りが強くなります。ここではつぶしてほのかな香りを楽しむパスタに仕上げました。もちろん、赤唐辛子の香りもおいしさの一部。シンプルだけど絶品のザ・パスタです。

Pasta	Risotto	Main dish
パスタ	リゾット	メインディッシュ

にんにく、オリーブ油、赤唐辛子などで香りを出すパスタ

にんにくと唐辛子のスパゲティ

材料 〈2人分〉

- スパゲティ ——— 160g
- にんにく ——— 2かけ
- 赤唐辛子 ——— 2本
- オリーブ油 ——— 45㎖＋15㎖
- イタリアンパセリのみじん切り
  ——— 6枝分
- パスタのゆで汁、塩 ——— 各適量
- パルミジャーノ・レッジャーノ
  ——— 少々

作り方

1. にんにくはペーパータオルにはさんで、**手で押してつぶす**。

コツ⑯ にんにくはつぶす。

にんにくはつぶしたり切ったりすると、アリシンというにんにく独特の刺激臭が出てきます。アリシンは油に溶けやすく、熱を加えることで刺激臭が和らいできます。ここではほのかな香りを楽しみたいのでつぶします。包丁の背や木べらで押してつぶす方法もありますが、ペーパータオルではさんで手で押すとすべる心配がないのでおすすめです。

2. フライパンにオリーブ油45㎖、にんにく、赤唐辛子を入れて弱火にかけ、**じっくり香りを出す**（8〜10分）。
→ フライパンを斜めにする。

コツ⑰ フライパンを斜めにして香りを移す。

オリーブ油ににんにくと赤唐辛子の香りをしっかりつけるために、フライパンは斜めにしてにんにくと赤唐辛子がオリーブ油につかっている状態にし、弱火にかけます。IH調理器を使う場合は、ワインのコルクを少しカットしてフライパンをのせると斜めになるのでラク。僕は厨房でこのコルクをいつもそばに置いています。

3. アルデンテにゆでたスパゲティを加えてゆで汁を加え、イタリアンパセリをふって混ぜ、塩とオリーブ油15㎖で味をととのえる。
→ ゆで汁は最後に煮汁が大さじ2残る程度に加える。器に盛ったとき、アルデンテにゆでたスパゲティが煮汁を中まで吸い込む。

4. 器に盛り、パルミジャーノをふる。

イタリアのプーリア風。現地ではプリエーゼと呼ばれ、ブロッコリーのパスタとしておなじみですが、僕はドライトマトも加えてうまみをアップ。ブロッコリーは大きめに分けてゆでるのがポイント。小さくするとゆでたとき、うまみが溶け出てしまいます。

Pasta　パスタ　　Risotto　リゾット　　Main dish　メインディッシュ

にんにく、オリーブ油、赤唐辛子などで香りを出すパスタ
ブロッコリーとドライトマトのオレキエッテ

材料〈2人分〉

オレキエッテ	140g
ブロッコリー	160g
ドライトマト	6g
A にんにくのみじん切り	10g
アンチョビの粗みじん切り	8g
赤唐辛子	2本
オリーブ油	40㎖
オリーブ油	20㎖
パスタのゆで汁、塩	各適量

作り方

1. ブロッコリーは大きめの房に切り分ける。ドライトマトは細切りにする。

2. 鍋に湯を沸かして塩（湯の1％）を加え、オレキエッテを4分ゆで、**ブロッコリーを加えて10分ゆでる**。ざるにそれぞれ分けて上げる。

コツ⑱ パスタといっしょにブロッコリーをゆでる。

ブロッコリーは別の鍋でゆでなくてもパスタといっしょでOK。パスタのゆで汁には塩が入っているし、小麦のうまみも溶け出しています。単一でゆでるよりおいしくなるからおすすめです。その際、あまり小さく切らないことも大切。小さく切り分けてしまうと、ブロッコリーのうまみがゆで汁に溶け出してしまうからです。

3. フライパンにAを入れて弱火にかけ、香りを出す。

4. にんにくが薄いきつね色になったらブロッコリーを加え、**スプーンなどでつぶしながら炒める**。

コツ⑲ ブロッコリーはスプーンでつぶす。

ブロッコリーを炒めるときはスプーンの背でつぶして小さくします。こうするとオレキエッテによくからんで、食べやすくなります。またブロッコリーのうまみがソースに溶け出すので、それをオレキエッテが吸って格別のおいしさに。ただつぶすだけのひと手間が味に差をつけるのですから、必ずやってくださいね。

5. オレキエッテとドライトマト、オリーブ油を加えてよく混ぜ、ゆで汁と塩で味をととのえ、器に盛る。

あさりの旬の時期（3〜5月）にぜひ作ってほしいレシピです。この時期のあさりはうまみが身の中にしっかり詰まっているので格別のおいしさ。定番のパスタですが、あさりの善し悪しによって味が違ってくるので、時期をはずさないようにしましょう。

| Pasta | Risotto | Main dish |
| パスタ | リゾット | メインディッシュ |

にんにく、オリーブ油、赤唐辛子などで香りを出すパスタ

煮込みボンゴレビアンコ

材料 〈2人分〉

スパゲティ ──── 160g
あさり（殻つき／砂出ししたもの）
　　　　 ──── 500～600g
にんにくのみじん切り ──── 10g
赤唐辛子 ──── 2本
オリーブ油 ──── 40㎖ +20㎖
パスタのゆで汁 ──── 適量
イタリアンパセリのみじん切り
　　　　 ──── 少々

作り方

1. フライパンににんにく、赤唐辛子、オリーブ油40㎖を入れて弱火にかけ、香りを出す。

2. にんにくが薄いきつね色になったら**あさり**と少量の水を加えてふたをし、火を少し強くして蒸し煮にする。

> **コツ⑳　旬のあさりを使う。**
>
> あさりの産卵時期前の3～5月は身が大きく、貝類のうまみ成分・コハク酸をたっぷり含んでいます。ボンゴレビアンコはあさりが主役のパスタなので、作るなら絶対にこの時期をはずさないこと。しっかり砂出しをしてから使ってください。砂出しは海水と同じ塩分濃度（約3％／水500㎖に塩大さじ1）の水に入れて、冷暗所に2～3時間おけば完了です。

3. 表示時間より1～2分早めにゆで上げたスパゲティを加えて2～3分加熱し、スパゲティに味を含ませる。途中でゆで汁を加える。

4. オリーブ油20㎖を加えて濃度をととのえ、イタリアンパセリをふってひと混ぜし、器に盛る。

いかのうまみをたっぷり吸い込んだ絶品パスタ。やりいかのおいしい季節は12〜3月で、サイズも柔らかさもベスト。この時期のものなら内臓もいっしょに食べられます。いかは煮込むと固くなりがちですが、やりいかは固くならないのでだれでも失敗なく作れます。

Pasta　パスタ　　Risotto　リゾット　　Main dish　メインディッシュ

にんにく、オリーブ油、赤唐辛子などで香りを出すパスタ
やりいかのスパゲティ

材料〈2人分〉

- スパゲティ ——— 140g
- やりいか ——— 2杯
- **A**
  - にんにくのみじん切り ——— 10g
  - アンチョビのみじん切り ——— 12g
  - 赤唐辛子 ——— 2本
  - オリーブ油 ——— 40㎖
- 白ワイン ——— 50㎖
- オリーブ油 ——— 20㎖
- イタリアンパセリのみじん切り ——— 4枝分
- パスタのゆで汁、塩 ——— 各適量

作り方

1. やりいかは皮、軟骨、くちばしを取り、目の脇に包丁を入れて目を取り除く。最後に墨袋を取り除き、胴と足に分けて洗う。足は10㎝長さに切ってから縦半分に切る。胴は1.5～2㎝幅に切る。

2. フライパンに**A**を入れて弱火にかけ、香りを出す。

3. にんにくが薄いきつね色になったら、**1**を加え、**火を強くしてトングなどで返しながら炒める**。

> **コツ㉑ やりいかは強火で炒める。**
>
> いかは煮ると固くなるとよくいわれますが、それはするめいかの場合。やりいかなら大丈夫です。まずは強火で炒めて香ばしさを出し、そのあと白ワインを加えて煮詰めて、いかのうまみを引き出します。炒めるのは、火を入れるというより香ばしさを出すことが目的です。

4. 白ワインを加えて中火で煮詰め、いかのうまみを引き出す。

> **コツ㉒ 白ワインでうまみを引き出す。**
>
> 白ワインの酸味とうまみでコクを出します。アルコール臭は味の邪魔をするのでとばすのがお決まりですが、ここでは煮詰めている間にとんでしまいます。やりいかのうまみにワインのコクが加わったエキスを、スパゲティにからませます。

5. アルデンテにゆでたスパゲティを加え、ゆで汁とオリーブ油、イタリアンパセリを加えて全体を混ぜ合わせる。塩で味をととのえ、器に盛る。

帆立ての甘みをトレビスの苦みが引き立てます。22年前、青山「ジリオーラ」のお店で一番人気だったパスタ。当時、このパスタを食べるのを楽しみに多くの方が来てくださいました。

| Pasta | Risotto | Main dish |
| パスタ | リゾット | メインディッシュ |

にんにく、オリーブ油、赤唐辛子などで香りを出すパスタ
帆立てとトレビスのスパゲティ

材料 〈2人分〉

- スパゲティ ——— 140g
- 帆立て貝柱 ——— 3個
- トレビス ——— ½個
- **A**
  - にんにくのみじん切り ——— 10g
  - アンチョビのみじん切り ——— 8g
  - 赤唐辛子 ——— 2本
  - オリーブ油 ——— 40㎖
- 白ワイン ——— 60㎖
- トマトソース（P24参照）——— 20g
- イタリアンパセリのみじん切り ——— 少々
- パスタのゆで汁、塩 ——— 各適量

作り方

1. 帆立ては一口大に切る。**トレビスは1枚ずつはがして手で一口大にちぎる。**

コツ㉓ トレビスは手でちぎる。

トレビスのほろ苦さが帆立ての甘みを引き出すので、ベストマッチの組み合わせです。気をつけるのはトレビスが金けを嫌うこと。包丁などで切らないで手でちぎるようにしましょう。また、熱を加え過ぎると苦みが増してくるので、フライパンに加えたあとの作業は手早く行ってください。

2. フライパンに**A**を入れて弱火にかけ、香りを出す。

3. にんにくが薄いきつね色になったら帆立てを加えて軽く炒め、**白ワインを加えて強火でアルコール分をとばす**（20〜30秒）。

コツ㉔ 白ワインはアルコール分をとばす。

白ワインを加えると海の幸の臭みを消してコクのある深い味になります。白ワインに含まれる有機酸には、食材のうまみや香りを引き出す力があり、ワイン自身が持つ香りも料理に移すことになります。さらにワインの酸味やタンニンが、甘みを抑えて味を引き締めてくれるので、白ワインの効果は絶大です。

4. トレビスとトマトソースを加えて混ぜ、アルデンテにゆでたスパゲティとイタリアンパセリを加えて全体を混ぜ合わせる。ゆで汁と塩で味をととのえ、器に盛る。

バジリコのジェノベーゼ

バジリコが主役のパスタ。バジリコはアクと熱によって色が変わるデリケートなハーブなので手早く作業することが大切。そうすれば色も香りも損なうことがありません。ジェノベーゼを作るときも冷やしたミキサーを用意するなど万全を期してください。

小えびとズッキーニのスパゲティ

えびのうまみをズッキーニに吸い込ませ、からすみで味をまとめます。えびは厚みを半分に切っておくこと。このひと手間でうまみの出方がアップし、極上の味に仕上がります。

にんにく、オリーブ油、赤唐辛子などで香りを出すパスタ

バジリコのジェノベーゼ

材料 〈2人分〉

ジェノベーゼソース
(作りやすい分量／でき上がり約300g)

バジリコ ———— 80g
→ 露地栽培で育ち過ぎたバジリコは、アクが強く、刻んだときに変色するので注意！

にんにく ———— 2かけ
松の実 (ローストしたもの) ———— 40g
オリーブ油 ———— 100mℓ
ペコリーノ ———— 50g
塩 ———— 少々

バジリコのジェノベーゼ

リングイネ (またはバベッティーネ)
　　———— 160g
ジェノベーゼソース (上記参照)
　　———— 50〜60g
パスタのゆで汁、塩 ———— 各適量
バジリコのせん切り ———— 適量

作り方

ジェノベーゼソースを作る。

1. バジリコはさっと洗ってペーパータオルで水けをふき、茎を取り除く。

2. 冷蔵庫で冷やしたミキサーににんにくと松の実、オリーブ油を入れて1〜2分攪拌(かくはん)し、バジリコを加えてなめらかなペースト状になるまでさらに攪拌する。ペコリーノを加えて1分ほど混ぜ、塩で味をととのえる。

バジリコのジェノベーゼを作る。

1. **ボウル**にジェノベーゼソースを入れ、アルデンテにゆでたリングイネとゆで汁少々を加えてよく混ぜ、**ゆで汁と塩で味をととのえる。**

コツ㉕　ボウルで作る。

できたてのジェノベーゼソースは風味豊かで得もいわれぬおいしさ。にんにくの風味がなじむ翌日が食べごろです。火を使って加熱すると風味がとぶので、ゆでたリングイネの余熱で合わせましょう。フライパンを使わずボウルでからめるだけなのでとっても簡単です。

コツ㉖　ゆで汁で味をととのえる。

パスタのゆで汁は塩味がついているので、仕上げの味の調整に役立ちます。さらにジェノベーゼソースの濃度を調節する役目も。リングイネにからみやすい濃度にしてください。そして味を見て、足りないときは塩を加えます。ゆで汁はパスタを作るときの頼もしい味方。上手に使って味を決めましょう。

2. 器に盛り、バジリコをのせる。

Pasta　パスタ　　Risotto　リゾット　　Main dish　メインディッシュ

にんにく、オリーブ油、赤唐辛子などで香りを出すパスタ
小えびとズッキーニのスパゲティ

材料〈2人分〉

スパゲティ ——— 160g
えび（無頭／殻つき）——— 小16尾
ズッキーニ ——— ⅓本
からすみのすりおろし ——— 8g
→市販のからすみパウダーでもよい。

A｜にんにくのみじん切り
　　　　　　　——— 10g
　｜アンチョビのみじん切り
　　　　　　　——— 12g
　｜赤唐辛子 ——— 2本
　｜オリーブ油 ——— 40㎖

白ワイン ——— 60㎖
オリーブ油 ——— 20㎖
イタリアンパセリのみじん切り
　　　　　——— 少々
パスタのゆで汁、塩 ——— 各適量

作り方

1. えびは足を取り、胴のまん中の殻をむいてから残りの殻を取り除く。背わたを取り、**厚みを半分に切る**。ズッキーニは両端を切り落とし、縦半分に切ってから**2〜3㎜厚さに切る**。

コツ㉗ えびは厚みを半分に切る。

えびは殻をむいて背わたを取ってから、厚みを半分に切ります。こうすることでえびのうまみであるアミノ酸が溶け出しやすくなります。さらにソースのうまみもしっかりとえびにしみ込みます。えびは小ぶりのもので大丈夫。身にハリがあって弾力のあるもの、においの強くないものを選びましょう。

コツ㉘ ズッキーニは2〜3㎜厚さに切る。

ズッキーニはえびから出たエキスを吸わせやすくするために、薄く切ります。火も通りやすくなるし、スパゲティともからみやすくなります。シンプルな味わいの野菜なので、味の邪魔をすることもありません。ズッキーニのスパゲティはあまり作らないかもしれませんが、これを食べればきっとやみつきになりますよ。

2. フライパンに**A**を入れて弱火にかけ、香りを出す。

3. にんにくが薄いきつね色になったらえびを加えて炒め、えびの色が変わったらズッキーニを加えてしんなりするまで炒め、白ワインを加えて煮詰める。

4. アルデンテにゆでたスパゲティを加えてひと混ぜし、パスタのゆで汁と塩で味をととのえ、オリーブ油とイタリアンパセリを加えてさっと混ぜる。

5. 器に盛り、からすみをふる。

うにとなすの冷製パスタ

原田流パスタの定番です。ポイントはうにとなすの食感を同じにすること。なすを煮詰めるときにつぶして、うにの食感に近づけます。なすにしみ込んだ辛みがうにの甘みを引き立てて絶妙の味を奏でます。

フレッシュトマトのカペッリーニ

トマトがおいしい2〜6月に作ってほしいパスタ。ソースの材料を保存瓶に入れてシェイクする方法は原田流で、18年前の広尾の「アロマフレスカ」時代からずっとやっています。ソースがからみやすくなるようにカペッリーニの水けをしっかり取るのが、おいしく仕上げるポイントです。

冷たいパスタ
うにとなすの冷製パスタ

材料 〈2人分〉

あさりのブイヨン
（作りやすい分量／でき上がり約550㎖）

あさり（殻つき／砂出ししたもの）
　　　── 500g
水 ── 500㎖
にんにく ── 1かけ
タイム ── 2枝
→ あさりのブイヨンは冷凍用保存袋に入れて冷凍庫で約1ヵ月保存可能。マリナラソース（P25参照）に加えたり、魚介系リゾットなどに。

うにとなすの冷製パスタ
カペッリーニ ── 40g
うに ── 30g＋50g
なす ── 100g
A ┃にんにくのみじん切り
　　┃　　── ¼かけ分
　　┃赤唐辛子 ── 1本
　　┃オリーブ油 ── 5㎖
あさりのブイヨン（上記参照）
　　　── 40㎖
塩 ── 適量
生クリーム ── 少々
芽ねぎ ── 少々
揚げ油 ── 適量

作り方

あさりのブイヨンを作る。

1. 鍋にあさりを入れてにんにくとタイムをのせ、分量の水を注いで中火にかけ、沸騰したら弱火にして30分ほど煮る。

2. ペーパータオルを敷いたざるで**1**をこす。

うにとなすの冷製パスタを作る。

1. なすはピーラーで皮をむいてへたを取り、縦半分に切る。低温（150℃）の揚げ油で**色をつけないように揚げ**、ペーパータオルで油をきる。

2. 鍋に**A**を入れて弱火にかけ、香りを出す。

3. にんにくが薄いきつね色になったら、あさりのブイヨンと**1**を加える。**なすをスプーンなどでつぶしながら**煮汁が少し残る程度に煮詰め、赤唐辛子を取り出す。

> **コツ㉙ なすはスプーンでつぶす。**
>
> にんにくと赤唐辛子の香りが移ったオリーブ油にあさりのブイヨンが加わり、コクも風味も絶品。このスープの中になすを入れます。あとから加えるうにと食感をそろえるため、とろとろになるまでしっかりつぶしましょう。

4. 氷を入れたボウルに別のボウルをのせ、**3**を入れて冷やす。冷えたら、うに30gを加えて軽く混ぜ合わせ、生クリームを加えて混ぜる。

5. 表示時間より1〜2分長くゆでたカペッリーニを冷水にとってよく冷やす。ざるに上げて水けをきり、ペーパータオルで水けを取る。

6. **4**に**5**を加えて混ぜ、塩で味をととのえる。器に盛り、うに50gと芽ねぎを添える。

Pasta	Risotto	Main dish
パスタ	リゾット	メインディッシュ

冷たいパスタ

フレッシュトマトのカペッリーニ

材料〈2人分〉

- カペッリーニ —— 40g
- フルーツトマト —— 2個
- A
  - オリーブ油 —— 15ml
  - レモン汁 —— 少々
  - 粒マスタード —— 少々
- 塩 —— 適量
- バジリコ —— 適量
- 粗びき黒こしょう、オリーブ油 —— 各適量

作り方

1. フルーツトマトは十字に切り込みを入れる。

2. 鍋に湯を沸かし、トマトをざるにのせてへた側を10秒ほどつけてから湯の中に落とし、20秒ゆでて冷水を張ったボウルに入れる。切り込みを入れた部分から皮をむき、へたを取って8等分に切る。

3. 大きめの保存瓶に**2**を入れ、**A**を加えて**シェイクする**。よく混ざったら塩で味をととのえる。

コツ㉚ ソースはしっかりシェイクする。

ソースは保存瓶に入れてシェイクすればでき上がり。材料を入れたらトマトがつぶれてソース状になるまで、ひたすら振って、振って、振ってください。しっかり混ざればパスタにからみやすくなって、フレッシュなトマトのうまみを心ゆくまで楽しめます。

4. 表示時間より1～2分長くゆでたカペッリーニを冷水にとってよく冷やす。ざるに上げて水けをきり、**ペーパータオルで水けを取る**。器に盛り、**3**をかけてバジリコをのせ、黒こしょうをふってオリーブ油を回しかける。

コツ㉛ 水けをしっかり取る。

ゆでたカペッリーニは冷水にとり、しっかり冷やして締めます。その後、ペーパータオルにのせてしっかり水けを取ること。水けが残っていると、ソースが薄まって味がぼやけるので、必ず行ってください。

別名「炭焼きのパスタ」。炭焼き職人が作ったパスタをイメージしたものなので、粗びき黒こしょうははずせません。ポイントはパンチェッタを炒めたフライパンにこびりついた脂のうまみをパスタのゆで汁でこそげ落とす感じで溶かすこと。このうまみができ上がりの味をぐんとアップさせます。

Pasta	Risotto	Main dish
パスタ	リゾット	メインディッシュ

クリーム系ソースのパスタ
カルボナーラ

材料 〈2人分〉

スパゲティ ——— 140g
パンチェッタ ——— 70g
卵黄 ——— 2個分
パルミジャーノ・レッジャーノ
　　　——— 大さじ2
生クリーム ——— 10g
水 ——— 大さじ2
パスタのゆで汁
　　　——— 大さじ2程度
オリーブ油 ——— 少々
塩 ——— 適量
粗びき黒こしょう ——— 少々

作り方

1. ボウルに卵黄を入れて溶きほぐし、パルミジャーノを加えて混ぜ合わせる。均一に混ざったら生クリームを加えて混ぜ、分量の水を加えて**なめらかになるまで混ぜる**。

> **コツ㉜ ソースはなめらかになるまで混ぜる。**
>
> カルボナーラのソースは、先にボウルで混ぜておき、最後に加えて。これは卵黄がぼそぼそにならないようにするため。ボウルに卵黄を入れたら、パルミジャーノ、生クリーム、水を順に加え、そのつどなめらかになるまでしっかり混ぜるのがポイントです。

2. パンチェッタは7mm幅の拍子木切りにする。フライパンにパンチェッタとオリーブ油を入れて中火にかけ、パンチェッタのまわりがカリッとするまで返しながら炒める。

3. フライパンの余分な脂をペーパータオルでふき取り、**パスタのゆで汁を加えてフライパンについたうまみを溶かす**。

> **コツ㉝ フライパンについたうまみも逃さない。**
>
> フライパンでパンチェッタを炒めると、脂が出てくるとともに、フライパンにうまみがこびりつきます。ペーパータオルで脂を軽くふき取ったあと、これをパスタのゆで汁で溶かしてください。このこびりつきはパンチェッタのうまみそのもの。ここにパスタを入れて、うまみを残さず吸わせましょう。

4. アルデンテにゆでたスパゲティを加えてひと混ぜし、**1**を加えてよく混ぜ合わせ、塩で味をととのえる。

5. 器に盛り、黒こしょうをふる。

えびに強力粉をまぶしてから調理するのがコツ。ソースに濃度を出し、えびがぷるんとした食感になります。えびの頭にはうまみがたっぷり詰まっているので、煮込んだあとに取り出すときは、トングで煮汁をぎゅっと絞り出してください。濃厚なソースがよくからむように、太めの平たいパスタがおすすめです。

| Pasta | Risotto | Main dish |
| パスタ | リゾット | メインディッシュ |

クリーム系ソースのパスタ

小えびのクリームソース

材料 〈2人分〉

リングイネ —— 160g
有頭えび —— 12尾
　強力粉 —— 少々
バター —— 15g
ブランデー —— 少々
ブイヨン（P66参照）—— 60ml
トマトソース（P24参照）
　　—— 大さじ2
生クリーム —— 120ml
イタリアンパセリのみじん切り
　　—— 少々
塩 —— 適量
粗びき黒こしょう —— 少々

作り方

1. えびは頭と殻を取り、背わたを抜いて厚みを半分に切り、**強力粉を軽くまぶす。**

> **コツ㉞　えびに粉をまぶす。**
>
> えびは炒める前に強力粉をまぶしておきます。こうしておくと、でき上がったときにぷるんとしたえびの食感が味わえます。また、えびのうまみを閉じ込め、ソースにとろみがついて、パスタとからみやすくなります。粉をまぶしたら、余分な粉ははらうこと。強力粉がないときは薄力粉でも大丈夫です。

2. フライパンにバターを溶かしてえびの身と頭を入れ、えびの色が変わる程度に中火で軽く炒める。ブランデーを加えて30秒ほど炒めてアルコール分をとばし、ブイヨンと生クリームを加えて半量くらいになるまで煮詰める。トマトソースを加えて塩で味をととのえ、**えびの頭を取り出す。**

→頭を取り出すときは、トングではさんでうまみの詰まった煮汁を出す。

> **コツ㉟　えびの頭はトングではさんでうまみを絞り出す。**
>
> えびは頭も煮込みますが、最後に取り出します。頭をいっしょに煮込むのは、この部分に濃厚なエキスがたっぷり含まれているから。ちょっと吸ってみればその味に納得できます。ただし、食べるときは邪魔になるので、トングでぎゅっとはさんでエキスのみを絞り出します。

3. アルデンテにゆでたリングイネの水けをよくきって器に盛り、**2**のソースをかけてイタリアンパセリを散らし、黒こしょうをふる。

チーズの混ざり合った味を楽しむパスタです。使うチーズに決まりはありませんが、ゴルゴンゾーラとパルミジャーノははずせません。タレッジョやフォンティーナはマスカルポーネやカマンベールを使ってもOK。

Pasta / パスタ　　Risotto / リゾット　　Main dish / メインディッシュ

クリーム系ソースのパスタ
クワトロフォルマッジ

材料〈2人分〉

- リガトーニ —— 160g
- タレッジョ —— 10g
- ゴルゴンゾーラ —— 10g
- パルミジャーノ・レッジャーノ —— 15g
- フォンティーナ —— 10g
- バター（食塩不使用） —— 20g
- 生クリーム（乳脂肪分38〜42％） —— 120g
- パスタのゆで汁 —— 適量
- くるみ —— 4個
- 黒こしょう —— 少々

作り方

1. くるみはオーブントースター（またはオーブン）で**ロースト**して手で砕く。

> **コツ㊱　くるみはローストして砕く。**
>
> くるみはローストすると香ばしさがぐんと増します。だからこのパスタでははずせない作業です。ゴツゴツしたままだと食べにくいので、手で細かく砕くのがポイント。トッピングで加えますが、味のアクセントになります。

2. フライパンにバターを溶かし、生クリームを加えて温める。**タレッジョとゴルゴンゾーラをちぎって加え**、溶かす。

3. アルデンテにゆでたリガトーニを加えてからめ、ゆで汁と**パルミジャーノを加えて**味をととのえる。

4. 器に**フォンティーナをのせ**、**3**を盛って**1**と黒こしょうをふる。

> **コツ㊲　チーズを加える3つのタイミング。**
>
> 4種のチーズは一度に加えるのではありません。最初に加えるのは、バターと生クリームに溶かすタレッジョとゴルゴンゾーラ。これでちょっとクセのあるチーズの香りをまろやかにしてコクを引き出します。次にリガトーニを加えたら、パルミジャーノを加えて味をまとめます。最後にナッツのような香りのフォンティーナを器にのせてパスタを盛ります。

Risotto

リゾット編

ここでは米を使ったリゾットとリゾピラフをご紹介します。リゾットはふたをしないで米をブイヨンで炊いたもの。リゾピラフはふたをして米をブイヨンで炊いたものです。どちらも米を炒めてからブイヨンで煮ますが、混ぜ過ぎると粘りが出てしまうので注意しましょう。リゾットは鍋一つでできるので、一人暮らしの方でも手軽に作れます。ぜひ、作ってコツをつかんでください。

【基本の材料】

リゾットやリゾピラフで使う基本の材料は米とブイヨンだけ。米は日本米とジャスミンライス、ブイヨンは固形スープの素で作ったものを使います。

米

本書で使うのは日本米とジャスミンライス（タイ米）。**日本米は粘りが出やすいので混ぜ過ぎないこと**。ジャスミンライスは粘りが出にくいので比較的扱いやすい米です。僕は香りのいいジャスミンライスが好きなのでこちらをよく使いますが、料理に合わせて、自分好みの米を使うといいでしょう。

ブイヨン

イタリアではブロードといい、だしのようなものです。お店では魚介や野菜などで一からきちんと作りますが、本書では家庭で手軽に作れるように、固形スープの素を使っています。基本は**湯300mℓに固形スープの素1個を溶いたものをブイヨンとして使います**。この割合で必要な量を準備しましょう。

【作り方のポイント】

リゾットやリゾピラフの米はアルデンテに仕上げるのが鉄則。粘りを出さないという注意点をしっかり覚えておきましょう。

米は洗わない！

リゾットはブイヨンを米に吸わせる料理なので、最初に水で洗うと水を吸収してブイヨンを吸わなくなります。ですから、水洗いはしないで、そのまま加えるのが鉄則。決していつものように米を研いだりすることはしないでください。

米は混ぜ過ぎない！

日本米は加熱し始めて5分くらいまではまだ火が入っていないので混ぜても大丈夫。8〜10分後にでんぷんが出てきて粘りが出始めます。ここで何度も混ぜてしまうと粘りでねっとりしてしまいます。ブイヨンを加えたらさっと混ぜる程度にしましょう。ジャスミンライスは日本米に比べて粘りが少ないので扱いやすいのですが、日本米と同様に8〜10分後は混ぜ過ぎないように注意してください。

白ワインはほんの少し加えるだけですが、とてもいい仕事をします。白ワインの酸味が少し残って、濃厚なチーズのうまみを引き締めるのです。ここで使うのは日本米。加熱を始めて8〜10分後に粘りが出てくるので、ここで混ぜ過ぎないこと。さっと混ぜる程度にしましょう。

Pasta　パスタ　　Risotto　リゾット　　Main dish　メインディッシュ

チーズ系リゾット
パルミジャーノリゾット

材料 〈2人分〉

- 米 ──── 160g
- パルミジャーノ・レッジャーノ
  ──── 60g
- エシャロットのみじん切り
  ──── 小さじ2
- バター ──── 10g
- ローリエ ──── 1枚
- 白ワイン ──── 少々
- チキンブイヨン
  ──── 250〜350㎖
- バター（仕上げ用） ──── 10g

作り方

1. 鍋に**エシャロット**、バター、ローリエを入れて弱火で軽く炒める。米を加えて1〜2分炒め、白ワインとブイヨン250㎖を加えて**12〜13分、弱火**で炊く。途中、水分が少なくなったらブイヨンを足す。

> **コツ㊳ エシャロットで香りづけする。**
>
> エシャロットは小玉ねぎのような形をしていますが、玉ねぎほど甘くなく、にんにくほどにおいが強くない香味野菜。パスタではにんにくを使いましたが、このリゾットはやさしい香りのエシャロットを使います。もし手に入らないときは、香りは今ひとつですが、玉ねぎでも。バターと合わせて風味とコクを出します。

> **コツ㊴ 日本米は12〜13分で仕上げる。**
>
> リゾットは粘りとの勝負です。日本米の場合は加熱して8〜10分で粘りが出てきます。ここであまり混ぜると粘りが出過ぎるので、さっと混ぜる程度にして煮込みます。米が柔らかくなったら、パルミジャーノとバターを加えて手早く混ぜ、トータル12〜13分で仕上げるようにしましょう。

2. パルミジャーノと仕上げ用のバターを加えて軽く混ぜ合わせ、器に盛る。
　→パルミジャーノは同じ乳製品のバターと合わせると味がよくなじむ。

いか墨のリゾット

ほたるいかは3〜5月なら生が一番。ボイルしたものを使う場合も軟骨と目は取り除いてください。やりいかを使う場合は小さめに切って使って。いか墨ペーストはメーカーによって塩分が異なるので、味を確かめてから塩の量を加減するといいでしょう。

海の幸のリゾット

海の幸はここで使ったもの以外に、白身魚やムール貝、かになど、何を入れてもOKです。トマトソースは無理に加えなくても大丈夫ですが、その場合はドライトマトを加えるといいでしょう。赤い色が入ると盛りつけを華やかに演出できます。

魚介系リゾット
いか墨のリゾット

材料 〈2人分〉

ジャスミンライス ——— 160g
ほたるいか ——— 20杯
いか墨ペースト ——— 小さじ1
エシャロットのみじん切り
　　——— 小さじ2
オリーブ油 ——— 大さじ2
白ワイン ——— 少々
あさりのブイヨン（P56参照）
　　——— 250〜320㎖
イタリアンパセリのみじん切り
　　——— 2枝分
塩 ——— 適量
芽ねぎ ——— 少々
オリーブ油（仕上げ用）——— 適量

作り方

1. ほたるいかは**ピンセット**で軟骨を抜き、目とくちばしを取り除く。

> **コツ㊵ ほたるいかはピンセットで軟骨や目を取る。**
>
> ほたるいかは小さいので、手で軟骨や目、くちばしを取るのは大変。骨抜きを使うと簡単に取れます。1杯ずつていねいに取り除きましょう。こうしておけば、食べたときに口当たりがよくなります。なお、ほたるいかは身や目が透き通っていて、内臓が透けて見える新鮮なものを選んで。

2. 鍋にエシャロットとオリーブ油大さじ1を入れて弱火で軽く炒め、ジャスミンライスを加えてさらに1〜2分炒める。

3. ほたるいかを加えてさっと炒め、いか墨ペーストを加えて炒め合わせる。白ワインを加えて30秒ほど強火で炒めて**アルコール分をとばし**、ブイヨン250㎖を加えて弱火で12分ほど炊く。途中、水分が少なくなったらブイヨンを足す。

> **コツ㊶ 白ワインはアルコール分をとばす。**
>
> 白ワインは臭みを取ったりコクを出したりするので、リゾットの隠し味になります。ただし、アルコール分は独特のにおいがあるので、30秒ほど炒めてとばすのがポイント。とばしたあとにブイヨンを加えて味をなじませます。白ワインは味を決める大切な調味料。アルコール分さえとばしておけばおいしさの底力になりますよ。

4. イタリアンパセリとオリーブ油大さじ1を加えて混ぜ、塩で味をととのえて器に盛る。芽ねぎをのせ、仕上げ用のオリーブ油を回しかける。

| Pasta | Risotto | Main dish |
| パスタ | リゾット | メインディッシュ |

魚介系リゾット
海の幸のリゾット

材料 〈2人分〉

ジャスミンライス ── 120g
有頭えび ── 6尾
やりいか ── 2杯
帆立て貝柱 ── 2個
あさり（殻つき／砂出ししたもの）
　── 12個
A｜エシャロットのみじん切り
　　── 小さじ2
　｜にんにくのみじん切り
　　── 小さじ1
　｜オリーブ油 ── 大さじ2
白ワイン ── 少々
あさりのブイヨン（P56参照）
　── 250〜320㎖
トマトソース（P24参照）
　── 80g
イタリアンパセリのみじん切り
　── 2枝分
塩 ── 適量

作り方

1. えびは頭と殻を取り、背わたを抜いて厚みを半分に切る。やりいかは皮、軟骨、くちばしを取り、目の脇に包丁を入れて目を取り除く。最後に墨袋を取り除き、胴と足に分けて洗う。足は10㎝長さに切ってから縦半分に切る。胴は8等分に切る。帆立ては縦4等分に切る。

2. 鍋にAを入れて、香りが立つまで弱火で炒める。ジャスミンライスを加えて1〜2分炒め、1を加えてさらに炒める。このときえびの頭も加える。

コツ㊷ いろいろな種類の海の幸を入れる。

ここでは4種の海の幸を加えましたが、魚介は何を加えてもOK。どれもうまみ成分をたっぷり含み、風味豊か。加えた分だけうまみエキスが溶け出して、ジャスミンライスにしみ込みます。ただし、まぐろなどの赤身の魚は不向き。たらなどの白身の魚を選んでくださいね。

3. 白ワインを加えて30秒ほど強火で炒めアルコール分をとばし、あさりとブイヨン250㎖を加えて弱火で10分ほど炊く。途中、水分がなくなったらブイヨンを足す。

4. えびの頭を取り出してトマトソースを加え、1〜2分煮てイタリアンパセリを加えて混ぜる。塩で味をととのえて器に盛る。

コツ㊸ えびの頭は取り出す。

えびの頭には風味豊かなうまみ成分がたっぷり含まれています。煮込むときはいっしょに入れ、最後に取り出します。取り出すときはエキスを絞るようにトングではさんで。海の幸のうまみを残すことなく煮汁に入れてしまいましょう。コク、うまみ、風味の三拍子そろったリゾットができ上がります。

このレシピは常連のお客様からいただいたうなぎがきっかけで誕生しました。最初はバーベキューのときにうなぎご飯にしたところ、これが絶品！ その残りを店でまかないにしたら、これまた大絶賛！ うなぎを米にのせて炊くと、風味がご飯にしみ込みつつ、うなぎはふっくら。以来、何度もまかないで登場するようになった人気のレシピです。

Pasta　パスタ　　Risotto　リゾット　　Main dish　メインディッシュ

魚介系リゾット
うなぎのリゾピラフ

材料〈2人分〉

ジャスミンライス ── 160g
うなぎの白焼き ── 1尾（180g）
A｜にんにくのみじん切り
　　── 小さじ1
　｜エシャロットのみじん切り
　　── 小さじ2
　｜オリーブ油 ── 小さじ2
あさりのブイヨン（P56参照）
　── 240mℓ
イタリアンパセリのみじん切り
　── 2枝分
タイムとディルのみじん切り
　── 各1枝分
塩 ── 適量

作り方

1. フライパンに**A**を入れて弱火にかけ、香りが立ったらジャスミンライスを加えて軽く炒める。

2. 長さを半分に切った**うなぎをのせて**ブイヨンを注ぎ入れ、ふたをして弱火で12分ほど炊く。

> **コツ㊹　うなぎは白焼きを使う。**
>
> よくあるのはうなぎの蒲焼きですが、まわりにたれがついているため、味を左右してしまいます。だから味のついていない白焼きがおすすめ。もし白焼きが手に入らないときは、蒲焼きに熱湯をかけてたれを取り除き、ペーパータオルで水けをふいてから使うといいでしょう。ジャスミンライスの上にのせて蒸し煮にするので、身がふっくらと仕上がります。

3. イタリアンパセリ、タイムとディルを散らしてゴムベラで**うなぎを切るようにくずして**混ぜ合わせ、塩で味をととのえて器に盛る。

> **コツ㊺　最後にゴムべらでうなぎを切りくずす。**
>
> うなぎは包丁で切らないで、ゴムべらで切るようにしてくずします。ジャスミンライスに合わせてある程度細かくするのがポイント。身が柔らかいので簡単に切りくずせます。ハーブも混ぜ込みながら、全体にまんべんなくいきわたるように。うなぎとハーブで香り豊かな一品になります。

ホワイトアスパラガスは筋を取ってしっかりゆでること。最後に加えて食感とうまみを味わって。最初から加えると米と一体化し過ぎてアスパラガスらしさが半減します。フォンティーナがないときはウォッシュ系のチーズでも大丈夫ですが、ブルーチーズは合いません。

ホワイトアスパラガスのリゾット

きのこいっぱいのリゾット

僕が一人暮らしをしていた20歳のころ、一番よく作っていたリゾット。鍋一つでできるのがよかったですね。きのこはある程度の量があればほかの種類でも大丈夫。「量が多いかな？」くらいでも加熱するとかさが減るので問題ありません。きのこのコリコリッとした食感と風味があとを引くおいしさです。

野菜系リゾット
ホワイトアスパラガスのリゾット

材料〈2人分〉

米 —— 160g
ホワイトアスパラガス —— 6本
エシャロットのみじん切り
　　—— 小さじ2
バター —— 20g
チキンブイヨン
　　—— 250〜320ml
フォンティーナ —— 50g
パルミジャーノ・レッジャーノ
　　—— 10g

作り方

1. ホワイトアスパラガスはピーラーで筋を取り、8〜10分ゆでて4等分に切る。

2. 鍋にエシャロットとバターを入れて軽く炒め、米を加えて1〜2分炒める。ブイヨン250mlを注ぎ入れて弱火で12〜13分炊く。途中、水分が少なくなったらブイヨンを足す。

3. 7mm角に切ったフォンティーナを加えて混ぜ、溶かす。1を加えて混ぜ、パルミジャーノをふって器に盛る。

コツ㊻　チーズは小さく切って加える。

フォンティーナはフォンデュにも使われる溶けるチーズです。米に火が入ったらすぐに加えて溶かしたいので、7mm角くらいに切ったものを加えて手早く混ぜます。時間をかけていると、米に火が通り過ぎて粘りが出てくるので、チーズを加えたらさっと混ぜて溶かすようにしてください。

コツ㊼　ホワイトアスパラガスは最後に加える。

ホワイトアスパラガスはゆでて切ったものを、最後に加えます。こうするとアスパラガスの甘み、ほろ苦さ、ジューシーさが存分に味わえます。新鮮なものが一番ですが、手に入らないときはグリーンアスパラガスでも。ただし、味が多少異なります。

Pasta	Risotto	Main dish
パスタ	リゾット	メインディッシュ

野菜系リゾット

きのこいっぱいのリゾット

材料 〈2人分〉

- 米 —— 120g
- 生しいたけ —— 2個
- マッシュルーム —— 4個
- まいたけ —— 約100g
- しめじ —— 約100g
- エシャロットのみじん切り
  —— 小さじ2
- バター —— 20g
- チキンブイヨン
  —— 300〜370mℓ
- 生クリーム —— 40mℓ
- パルミジャーノ・レッジャーノ
  —— 20g
- 塩 —— 適量
- イタリアンパセリのみじん切り
  —— 2枝分
- 粗びき黒こしょう —— 適量

作り方

1. しいたけとマッシュルームは石づきを取って7mm厚さに切り、まいたけとしめじは石づきを取って食べやすい大きさにほぐす。

> **コツ㊽ たっぷりのきのこを使う。**
>
> きのこにはうまみ成分が含まれています。たくさんの種類のきのこを使うと、相乗効果によって、1種類よりうまみがぐんとアップします。ここで使ったきのこのほかに、えのきだけやエリンギなどを加えても。きのこのうまみをとことん楽しみましょう。

2. 鍋にエシャロットとバターを入れて軽く炒め、米を加えて1〜2分炒める。1を加えてしんなりするまで炒め、ブイヨン300mℓを注ぎ入れて弱火で12〜13分炊く。途中、水分が少なくなったらブイヨンを足す。

3. 生クリームとパルミジャーノを加えて混ぜ、塩で味をととのえる。器に盛り、イタリアンパセリと黒こしょうをふる。

> **コツ㊾ 生クリームは最後に加えてクリーミィに仕上げる。**
>
> 生クリームはまろやかなコクと風味をプラスします。煮込むときに加えると加熱で風味がとんでしまうので、最後の仕上げで加えます。きのこのうまみとあいまって、クリーミィで奥深い味わいのリゾットが完成します。

Main dish

メインディッシュ編

メインディッシュはお店ではシェフの腕の見せどころ。素材の状態を見て、その素材のうまみを生かす調理法をいち早く判断します。ここでは家庭でもシェフに負けない味が楽しめるレシピにしています。肉、魚を使ったボリューム感のある料理はおもてなしに最適です。

添えるソースは僕のオリジナル。肉のうまみを引き立てる絶品ソースです。うまみ、酸味、甘みのバランスを考えてこの組み合わせに到達しました。中でもセロリの葉とオレンジマーマレードは味の決め手に。豚肉を塩麴でマリネするのは、肉を柔らかくしてうまみを引き出すためです。

Pasta　Risotto　Main dish
パスタ　リゾット　メインディッシュ

肉をつけ込んで焼く
ポークソテー

材料（2人分）

豚ロース肉
　　　—— 2枚（1枚160〜200g）
塩麹 —— 大さじ2
はちみつ —— 大さじ1
ローリエ —— 2枚
ラード —— 大さじ3

ソース（作りやすい分量　約4人分）
ルッコラのみじん切り、
　セロリの葉のみじん切り
　　　—— 各8g
オレンジマーマレードの
　みじん切り —— 小さじ2
ケッパー —— 小さじ1
ピクルスのみじん切り
　　　—— 小1本分
ドライトマトのみじん切り
　　　—— 1個分
エシャロットのみじん切り
　　　—— 小さじ1
オリーブ油 —— 大さじ1
粒マスタード —— 小さじ2
レモン汁 —— 少々
塩、こしょう —— 各少々

キャベツのせん切り —— ¼個分
オリーブ油 —— 少々
レモン —— ⅛個

作り方

1. 豚肉は**塩麹**とはちみつをまぶして2〜3時間マリネする。

> **コツ㊾　塩麹でうまみを引き出す。**
>
> 豚肉は塩麹とはちみつをまぶしてマリネします。塩麹の力で、肉がしっとり柔らかく、うまみもアップ。はちみつも肉を柔らかくする働きがあります。塩麹とはちみつの効果は絶大。焼き上がったときの肉のおいしさといったら、いうことなし。ほかの豚肉料理をするときにも、ぜひやってみてください。

2. フライパンにラードと1を入れ、豚肉の上にローリエをのせ、スプーンでラードをかけながら弱火でじっくりソテーして香りを移す。

3. ソースの材料はよく混ぜ合わせる。

4. 器に2を盛り、3の¼量を2本のスプーンで押さえ固めながら、**クネル形**（ラグビーボールの形）にして盛る。キャベツを添え、オリーブ油とレモンを絞ってかける。

> **コツ㊿　味の決め手はオリジナルソース。**
>
> ソースの材料を見て、「わっ、いっぱい！」と思うかもしれませんが、僕がいろいろやってみて「これだ！」と決めた材料です。味のバランスが絶妙で肉とぴったり合います。肉のにおいを消し、脂っぽさも感じさせません。しかもパンチがあってさわやかな風味。柔らかく焼き上がったジューシーな肉のうまみを最大限に生かすソースです。

パスタ生地はハーブやスパイスの香りや味を肉に移すために使うものなので、ちゃんと練れてなくても大丈夫。お子さんでもできます。肉は仔羊肉でなくても、牛や豚のかたまり肉やステーキ肉でも同様のやり方で作れます。ただし、重さは同じくらいにしてください。

Pasta パスタ　Risotto リゾット　**Main dish** メインディッシュ

肉に香りをつけて焼く
仔羊のパスタ包み焼き

材料〈2人分〉

仔羊ロース肉（ラムチョップ）
　──── 2切れ（約300g）
塩、白こしょう ──── 適量

パスタ生地
強力粉 ──── 600g
卵 ──── 2個
水 ──── 240㎖
オリーブ油 ──── 大さじ2
岩塩 ──── 80g
打ち粉（強力粉）──── 適量

クミン ──── 大さじ1
ローズマリー ──── 2枝
ローズマリーの葉 ──── 2枝分
オリーブ油 ──── 適量
粗びき黒こしょう ──── 適量

作り方

1. 仔羊肉は軽く塩、白こしょうをする。

2. フライパンを強火にかけ、**1**を入れて向きを変えながら、ときどき<u>たまった脂をかけて表面を焼く</u>。火から下ろし、ガス台の近くなどの温かいところで10分ほど休ませる。

> **コツ㊾ 肉は脂をかけながら焼く。**
>
> 肉を焼くときは強火で肉の向きを変えながら、表面全体を焼きます。このとき、フライパンには肉から出てきた脂がたまってくるので、この脂をスプーンですくってかけます。こうすることで肉の表面に火が通って、うまみを閉じ込めるのです。肉をおいしく焼く方法です。

3. パスタ生地を作る。ボウルに材料をすべて入れ、手（またはスプーン）でよく練る。打ち粉をふった台に取り出し、2等分にして2㎝厚さの円形にのばす。

4. **3**の中央にローズマリーをのせ、クミンとローズマリーの葉を散らし、**2**をのせて<u>包み込む</u>。

> **コツ㊿ パスタ生地で肉を包む。**
>
> パスタ生地を作るなんて難しそう、と思うかもしれませんが、これはボウルに材料を入れて練るだけ。しかも生地をのばすときもおおざっぱで大丈夫。要は肉が包めればいいのです。生地で包む目的は、生地に入れたハーブの香りやスパイス、塩味を肉に移すため。オーブンで焼くと肉の中にじわじわとしみ込んでいきます。

5. **4**の表面にオリーブ油をかけ、230℃に予熱したオーブンで15〜20分焼いて粗熱をとる。

6. パスタ生地を割って仔羊肉を取り出し、厚みを2等分にする。器に盛り、黒こしょうをふる。

マジョラムの香りがきいているステーキです。これも僕が20歳のころにはまっていた料理。「マジョラム×にんにく」の組み合わせがお気に入りです。肉は赤身のほうがよく合います。

Pasta パスタ　　Risotto リゾット　　Main dish メインディッシュ

肉に香りをつけて焼く
牛肉のシンプルステーキ

材料 〈2人分〉

牛もも肉 ―― 2枚（1枚200g）
塩、白こしょう ―― 各適量
にんにく ―― 2かけ
マジョラム ―― 10枝
オリーブ油 ―― 大さじ4

作り方

1. 牛肉は塩、白こしょうをして常温に戻す。

2. フライパンにオリーブ油とにんにくを入れて極弱火にかけ、温まったら**1**を加える。スプーンで油をかけながら10分ほど焼く。
→ 熱いけれど触れるくらいの温度（100℃）で。

3. アルミホイルで**2**の牛肉を包み、ガス台の近くなどの温かいところで**10分ほど休ませる**。

> **コツ54 アルミホイルで包んで休ませる。**
>
> 肉に火が通ったらアルミホイルで包んで、ガス台の近くの温かいところに置いて休ませます。こうすることで余熱調理ができ、熱が均一に肉の中に入っていきます。このひと手間がおいしいステーキに仕上げるポイント。ただ休ませるだけなので、省略せずにきちんと行いましょう。

4. **2**のフライパンにマジョラムを加えて弱火にかける。香りが立ったら火を強め、マジョラムとにんにくを取り出して**3**の肉をアルミホイルから出して加え、**両面が軽く色づくまで焼く**。

> **コツ55 香りの移った油でもう一度焼く。**
>
> アルミホイルに包んで休ませた肉は、最後にもう一度焼きます。このときは上下の面に軽く焼き色がつく程度。肉の表面の水分と脂をとばし、香ばしい香りをつけます。これで肉の外側は焼き固められ、中は余熱で火が入ってミディアムレアのステーキの完成。肉好きにはたまらない焼き上がりです。

5. 牛肉を切り分けて器に盛り、取り出したにんにくとマジョラムを添えて、香りの移ったフライパンのオリーブ油をかける。

僕はときどき料理教室の講師を依頼されることがあります。そのとき、デモンストレーションでこの鶏の丸焼きを実演したら生徒さんにとても喜ばれ、実食では小さめの鶏の丸焼きをお出ししたのですが、全員がペロリと完食。僕自身がちょっと驚きました。この料理のコツはオーブンから出したあとに、しっかり肉を休ませること。休ませないと切ったときに肉汁があふれ出てしまうので注意してください。

ポッロ アッロースト

肉に香りをつけて焼く

材料 〈8人分〉

- 丸鶏 ── 1羽
- 玉ねぎ ── ½個
- にんじん ── ⅓本
- セロリ ── 1本
- にんにく ── 1玉
- マッシュルーム ── 8個
- まいたけ ── 約150g
- しめじ ── 約100g
- タイム ── 10枝
- 白ワイン ── 180㎖
- ブイヨン（P66参照） ── 480㎖
- 生クリーム ── 120㎖
- 粒マスタード ── 大さじ1
- バター（食塩不使用） ── 20g
- 塩、こしょう ── 各適量
- オリーブ油 ── 適量
- イタリアンパセリのみじん切り ── 適量

作り方

1. 玉ねぎ、にんじん、セロリは1㎝幅に切り、にんにくの半量はつぶす。

2. きのこ類は石づきを取り、マッシュルームは縦3等分に、まいたけは小房に分け、しめじはほぐす。

3. 鶏肉の表面とおなかの中に塩、こしょうをし、**タイムと1を詰める**。足近くの皮に切り込みを入れ、足を差し込んで固定する。

> **コツ㊶ おなかに野菜とハーブを詰める。**
>
> 鶏肉のおなかに玉ねぎ、にんじん、セロリ、にんにく、タイムを入れてオーブンで1回焼きます。肉のうまみが野菜に移ると同時に、野菜のうまみや風味も肉に入り、タイムで肉の臭みを取ります。野菜は1㎝幅くらいに切って火が入りやすくするのがポイント。きのこ類は2回目に焼くとき、肉のまわりに置きます。

4. 天パンに3をのせてオリーブ油を表面に塗り、210℃に予熱したオーブンで30分焼く。一度取り出して2と残りのにんにくをまわりに置き、再び210℃のオーブンに入れて15分焼く。

5. フライパンにオーブンから出した肉をのせ、おなかに入れた野菜をスプーンなどで取り出す。肉はガス台の近くなどの温かいところで休ませる。

6. 5のフライパンを火にかけ、野菜が色づくまで炒めて白ワインを加え、30秒ほど強火でアルコール分をとばす。ブイヨンを加えて半量程度になるまで中火で煮詰める。

7. 6をざるでこして小鍋に入れ、生クリーム、粒マスタード、バターを加えて軽く煮詰め、味をととのえる。

8. 鶏肉を切り分けて器に盛り、天パンのきのこ類に塩とイタリアンパセリをふって添え、7のソースをかける。

まぐろとフレッシュトマトのカルパッチョ

お店の定番料理の一つ。まぐろにあゆ魚醤をかけてマリネすると、舌触りがなめらかになってうまみが増します。まぐろの代わりにかつおでもOK。あゆ魚醤はちょっとうまみが欲しいとき、しょうゆの代わりに使えます。焼き魚をマリネして焼いたり、根菜をマリネして浅漬けにしたり……。臭みが少ないので使いやすい調味料です。

一尾魚+海藻でアクアパッツァ

アクアパッツァに海藻を入れるのが原田流。魚介のうまみを吸ったわかめは絶品です。お客様から「わかめのお代わりはできますか？」なんてリクエストされたことも。とにかくわかめのおいしさに感動します。最低でも10分は煮て、魚から出たうまみをわかめに吸い込ませてください。魚はめばるのほかにかさごやかれいなど、煮つけておいしい魚ならなんでもOKです。

魚介に風味をつける

まぐろとフレッシュトマトのカルパッチョ

材料 〈2人分〉

まぐろ(刺身用) ――― 100g
トマト ――― 小2個(160g)
粒マスタード ――― 小さじ½
レモン汁 ――― 小さじ1
オリーブ油 ――― 大さじ1
塩 ――― 少々
あゆ魚醤 ――― 大さじ1

A ホースラディッシュのすりおろし ――― 小さじ1
オリーブ油 ――― 小さじ2

B ラディッシュの薄切り ――― 10枚
クレソン ――― 適量
ディル ――― 適量
花穂(穂じそ) ――― 適量
ピンクペッパー ――― 6粒
芽ねぎ ――― 適量

作り方

1. **トマトは湯むきをして**(P19参照)**ミキサーに入れ**、ピューレ状になるまで攪拌(かくはん)する。粒マスタード、レモン汁、オリーブ油、塩を加えて混ぜ合わせる。

コツ(57) トマトはミキサーにかける。

カルパッチョのソースは、なめらかでまぐろによくからむことが大切。トマトはミキサーでソース状になるまで攪拌して、舌触りのいい状態にしてください。トマトの酸味と粒マスタード、レモン汁、オリーブ油が一つにまとまって、ちょっぴりパンチのあるさわやかなソースになります。

2. まぐろは薄切りにし、**あゆ魚醤をかけてマリネする**。**A**は混ぜ合わせる。

コツ(58) あゆ魚醤が味の決め手。

あゆ魚醤は、ほかの調味料では代用できない独特のうまみがあります。魚醤特有の臭みもクセもまったくありません。これは料理をまろやかにし、臭みを消し、味をととのえてくれる万能調味料。ここではまぐろをマリネしましたが、見事にまぐろのうまみを引き出して感動の味になりました。キッチンにない方もいると思いますが、ぜひ使ってみてください。

3. 器に**A**を敷き、まぐろを並べる。**1**をかけ、**B**を散らしてオリーブ油(分量外)を回しかける。

Pasta パスタ　Risotto リゾット　Main dish メインディッシュ

魚介に風味をつける

一尾魚＋海藻でアクアパッツァ

材料 〈2人分〉

めばる（うろこと内臓を取ったもの）
　── 2尾（1尾約300g）
塩 ── 少々
にんにく ── 2かけ
オリーブ油 ── 大さじ5
A　黒オリーブ ── 8個
　　タイム ── 4枝
　　あさり（殻つき／砂出ししたもの）
　　　── 12個
　　ケッパー ── 大さじ2
　　水 ── 240㎖
　　わかめ（もどしたもの）
　　　── 80g
　　ドライトマト ── 4個
あおさのり ── 大さじ2
イタリアンパセリのみじん切り
　── 4枝分
塩 ── 適量

作り方

1. めばるは両面に塩をふる。わかめはざく切り、ドライトマトは4等分に切る。

2. 鍋につぶしたにんにくとオリーブ油大さじ3を入れて弱火にかける。香りが立ったらめばるを加え、**両面に軽く焼き色がつく程度に焼く**。

コツ59　めばるは焼いてから煮る。

めばるはにんにくの香りを移したオリーブ油で焼き色がつく程度に焼きます。焼くことで香ばしい香りが立ち、めばるのうまみを中にギュッと封じ込めます。そのあと、具材を加えて煮込むと、焼き目の香ばしさとともに、具材のうまみも加わっておいしいエキスになります。これは大切な手順なので、ていねいに行ってください。

3. Aを上から順に加えてふたをし、**10分ほど煮込む**。途中で煮汁がなくなったら水適量を足す。

→ ときどき煮汁をかけながら煮込むと味がよくしみ込む。

コツ60　わかめに煮汁を吸わせる。

このアクアパッツァの一番おいしいところは、煮汁に溶け出したうまみのエキスです。これを残さずわかめに吸わせましょう。エキスと磯の香りが折り重なって、そのおいしさといったら絶品！　主役はめばるのように見えますが、実はわかめが隠れた主役なのです。とびっきりおいしいわかめの味を堪能してください。

4. あおさのりとイタリアンパセリを加えて塩で味をととのえ、オリーブ油大さじ2を回しかけて、器に盛る。

おいしい料理には"わけ"がある！

「私は料理がへた」「料理がまずい」「どうしたら料理上手になれる？」などの声をよく聞きます。僕は30年近く料理を続けていますが、最初から「アロマフレスカ」で作るような料理ができたわけではありません。毎日毎日いろいろな素材と向き合い、色や状態、香りに触れながら培った感覚が今の料理につながっています。とびっきり新鮮で見るからにおいしそうなものは、その味を生かすシンプルな料理に。ちょっと鮮度が落ちていて生臭いものは、焼いて水分と臭みをとばして香ばしさを出すなど、試行錯誤を繰り返します。とにかく素材とどう向き合うかが料理の第一歩だと思います。

おいしい料理にはちゃんと"わけ"があります。素材の状態を知ることも大切ですが、料理をするときもただ作るのではなく、食べる瞬間までを考えて作り始めることが大切。例えば店でパスタを作るとき、ソースのでき上がりに合わせてパスタがゆで上がるようにし、ソースとパスタを合わせて器に盛ったら、お客様の席まで最短距離で運び、最高の状態でめし上がってもらうことを考えます。だからどの料理も気が抜けないし、常に真剣勝負です。

料理を考えるときは、無駄なことを極力省き、バランスが取れていることが僕の最大の課題。バランスとはうまみ、香り、盛りつけの美しさの3つ。これらが調和したとき、僕の料理は完成です。

料理に終点はありません。日々違った食材や新しい調味料と出会い、そのたびにそれらと真摯に向き合う毎日。今までも、そしてこれからも僕の料理作りはワクワクとドキドキの連続です。

あなたも"おうちシェフ"を目指して、第一歩を踏み出してみませんか。まずは冷蔵庫にアンチョビ、ケッパー、オリーブ、パルミジャーノ・レッジャーノ、ドライトマトを常備しましょう。これらはイタリア料理では日本のお味噌のようなもの。さらにバジルとイタリアンパセリの鉢植えがあれば、あなたはもうイタリア通です。思い立ったら、いつでもすぐにイタリアン。毎日作って腕を磨いていただけたら、この上ない喜びです。

原田慎次（はらだ・しんじ）

1969年、栃木県生まれ。「ヂーノ」（六本木/現在は閉店）で修業を重ね、94年、「ジリオーラ」（青山）のシェフに。98年、「リストランテ アロマフレスカ」（広尾）をオープンし、予約の取れないレストランとして注目を浴びる。2010年に銀座に移転し、同じフロアに前菜の小皿料理をテーマとする「サーラ アマービレ」を併設。シェフのかたわら、雑誌やテレビでも活躍中。著書に『ストウブでおうちごはん』（講談社）、『アロマフレスカのイタリア料理』（柴田書店）、『健康パスタとごちそう週末おかず』（主婦の友社）など多数。

リストランテ アロマフレスカ／サーラ アマービレ

東京都中央区銀座2-6-5　GINZA TRECIOUS 12F
電話　03-3535-6667（アロマフレスカ）
　　　03-3535-6669（サーラ アマービレ）
http://www.aromafresca-afsa.com/

講談社のお料理BOOK
**アロマフレスカ直伝
おいしさに差がつく！
イタリアンのコツ60**

2016年1月21日　第1刷発行

著　者　原田慎次（はらだ しんじ）
発行者　鈴木　哲
発行所　株式会社 講談社
　　　　〒112-8001　東京都文京区音羽2-12-21
　　　　編集／☎03-5395-3527
　　　　販売／☎03-5395-3606
　　　　業務／☎03-5395-3615
印刷所　凸版印刷株式会社
製本所　株式会社若林製本工場

ブックデザイン
　小橋太郎（Yep）
撮影
　青砥茂樹（本社写真部）
スタイリング
　三谷亜利咲
企画・編集
　小橋美津子（Yep）

落丁本・乱丁本は、購入書店名を明記のうえ、小社業務あてにお送りください。送料小社負担にてお取り替えいたします。なお、この本についてのお問い合わせは、生活実用出版部第一あてにお願いいたします。本書のコピー、スキャン、デジタル化等の無断複製は著作権法上での例外を除き禁じられています。本書を代行業者等の第三者に依頼してスキャンやデジタル化することは、たとえ個人や家庭内の利用でも著作権法違反です。定価はカバーに表示してあります。

ISBN978-4-06-299664-8
©Shinji Harada 2016, Printed in Japan